AF243546

OBSERVATIONS

SUR

LES PROPOSITIONS SUIVANTES :

1° Sera-t-il question de Priviléges personnels ou pécuniers pour les Membres du Sénat et du Corps-Législatif?

2° La Monarchie a-t-elle cessé d'exister ?

3° Le Roi nommera-t-il les Membres du Corps-Législatif sur une liste triple, présentée par les Colléges électoraux ?

4° Le Roi aura-t-il seul l'initiative des Lois ?

PARIS;

CHEZ LES LIBRAIRES DU PALAIS-ROYAL.

1814.

OBSERVATIONS

SUR

LES PROPOSITIONS SUIVANTES :

1° Sera-t-il question de Priviléges personnels ou pécuniers pour les Membres du Sénat et du Corps-Législatif ?

2° La Monarchie a-t-elle cessé d'exister ?

3° Le Roi nommera-t-il les Membres du Corps-Législatif sur une liste triple, présentée par les Colléges électoraux ?

4° Le Roi aura-t-il seul l'initiative des Lois ?

—————

Les premiers actes du Roi ont fait concevoir de sa modération et de sa sagesse une opinion qui s'accroît de jour en jour, et fortifie nos sentimens d'amour pour cet excellent prince. Dix années d'un gouvernement essentiellement machiavélique, avaient en quelque sorte dénaturé le caractère d'une nation vraiment bonne et confiante. Les ruses multipliées, le charlatanisme politique dont on avait fait usage pour la réduire sous le joug d'un despotisme affreux, les mots de gloire, de bonheur, de liberté publique, répétés tant de fois, lorsqu'on méditait son avilissement et qu'on la conduisait à sa perte, étaient devenus odieux par les souvenirs auxquels ils se rattachaient. On n'y voyait que le préambule des mesures les plus désastreuses, et l'on était arrivé à ce point de

(4)

dépravation dans la morale du gouvernement, et de défiance dans l'opinion publique, que moins une mesure réunissait d'apparences contraires aux principes d'une bonne politique, plus on se croyait de motifs pour la suspecter.

Ces temps malheureux ont cessé. Les Bourbons ont ramené avec eux le règne de l'honneur, de la bonne foi et de la loyauté. Les intentions sont droites et pures, les lumières suffisantes, les promesses seront sacrées; et lorsque notre vertueux monarque a annoncé qu'il allait enfin combler les vœux formés depuis vingt-cinq ans, pour un gouvernement modéré; lorsque dans la belle et touchante proclamation du 2 mai, il a engagé solennellement sa parole royale de *donner à la France une Constitution libérale*, nous devons compter qu'en dépit de tous les efforts de la malveillance ou de l'intérêt personnel, nous jouirons des bienfaits que nous pouvons attendre d'une aussi noble et si sage résolution.

Le choix qu'il a fait lui-même des membres des Commissions du Sénat et du Corps-Législatif, nous fournit de nouvelles preuves de la droiture de ses intentions et des motifs de nos espérances. Il y a, à ce sujet, une observation assez remarquable à faire de la rapidité avec laquelle le caractère connu, la moralité d'un prince, le choix des hommes qu'il introduit dans les conseils, agissent sur la pensée du peuple. Sous le règne d'un méchant homme et d'un hypocrite, plus une mesure paraît s'éloigner de la perfidie et du despotisme, plus, comme nous l'avons éprouvé, excite-t-elle de soupçons et nourrit-elle de craintes. Sous le gouvernement d'un Roi qui ne sait point trahir sa parole, ni sa conscience, lors même que la forme et les paroles peuvent faire naître le doute et l'ambiguité, on explique tout dans le sens le plus favorable à son honneur et à sa probité.

Il n'a fallu qu'un moment, qu'un seul fait, pour produire chez les Français cette révolution dans leur manière de juger des actes du Gouvernement ; le changement de souverain et la différence de caractère.

Pour bien sentir la vérité de cette observation, supposons-nous à une époque de quelques années antérieure à celle-ci ; supposons que par une révolution quelconque, un homme connu pour avoir le caractère de Bonaparte eût été conduit à publier une proclamation semblable à celle du 2 mai, où il eût donné les assurances les plus positives contre la crainte de voir jamais ses odieux principes rétablis. Supposons encore qu'après un silence de vingt jours sur les points les plus essentiels de cette déclaration, le public fût informé qu'au nombre des questions soumises aux commissions chargées de discuter l'acte constitutionnel, se trouvent les quatre suivantes :

1°. Sera-t-il question de priviléges personnels ou pécuniers pour les membres actuels du Sénat ou du Corps-Législatif ?

2°. La monarchie a-t-elle cessé d'exister ?

3°. Le Roi nommera-t-il les membres du Corps-Législatif sur une liste triple présentée par les colléges électoraux ?

4°. Le Roi aura-t-il l'initiative des lois ?

N'est-il pas vrai, dis-je, que le public n'eût vu dans cette série de propositions, qu'une nouvelle ruse de la politique de cet homme, et qu'un moyen adroit d'éluder ses promesses? Chacun se fût dit, et avec beaucoup de raison : il met en question l'utilité d'accorder par la constitution des priviléges aux membres du Sénat et du Corps-Législatif, afin qu'ils ne puissent en obtenir que de l'autorité royale, et soient ainsi tout-à-fait dans sa dépendance. Il range sur la même ligne les priviléges personnels et les avantages pécuniers, pour qu'on ne songe point à séparer ce qui est honorifique de ce qui est lucratif, pour empêcher la plus honorable des distinctions, celle qui est due à l'exercice gratuit des talens et aux services sans salaire. Il met en doute que la monarchie ait cessé d'exister, afin d'étouffer toute espèce d'idée de l'action et des droits des peuples sur la forme et le choix de leur gouvernement, afin de faire revivre ce principe suranné et incompatible avec les idées du siècle, *que les rois ne tiennent leur couronne que de Dieu et de leur épée*, ce qui signifie que la volonté et la force de trente millions d'hommes n'est rien, comparée à la force et à la volonté d'un seul. Il demande si le Roi influera sur la nomination des membres du Corps-Législatif, parce que, dans son système de réunir tous les pouvoirs et d'influencer toutes les autorités, il lui importe surtout que le corps qui, dans la balance politique, doit faire équilibre avec l'autorité souveraine, ne puisse, en aucun cas, remplir cette destination. Dans le même but, il demande si le Roi aura seul l'initiative des lois, parce qu'il pense que le chef d'un gouvernement absolu ne doit attendre de personne l'impulsion qui tend au maintien et à l'accroissement du pouvoir royal.

Tels sont les commentaires que chacun eût faits une pareille circonstance, et ces réflexions eussent été d'autant mieux fondées, que si le caractère de l'homme les eût suggérées, celui de ses conseillers, disons mieux, de ses flatteurs et de ses complices, eût garanti d'avance que chaque solution serait la plus avantageuse au despotisme, la plus conforme à l'abjection et à l'avilissement du peuple. Ainsi l'on aurait conjecturé avec raison que cet ambitieux n'avait imaginé qu'un stratagème nouveau pour réduire la France à un degré de servitude plus bas qu'elle n'avait encore été. Chacun eût remarqué que, jusqu'à cette époque, personne, Bonaparte même, n'avait attaqué aussi ouvertement l'indépendance du Sénat et du Corps-Législatif; qu'il n'avait point encore osé tenter de s'approprier la nomination des députés des départemens, de mettre en doute s'il était souverain, parce que le peuple l'avait proclamé tel, ou s'il devait sa couronne à des causes indépendantes de la volonté du peuple, et l'on aurait conclu avec raison, que quels que fussent les événemens qui l'eussent conduit à ces promesses solennelles, sa fausse politique, qui ne lui montrait de pouvoir solide et réel que dans l'art de tromper et dans la force, l'engageait hautement à les violer.

Comparons avec cette disposition probable des

esprits en pareil cas, le calme et la confiance où nous sommes aujourd'hui. Une gazette a publié, il y a deux jours, que la commission traitait actuellement ces grandes questions. Cette nouvelle, qui paraît démentie maintenant, n'en a pas moins été répandue dans le public, dont la confiance ne fut pas altérée un seul instant. Tranquille sur la rectitude des intentions du Roi, on n'était pas moins rassuré, si l'on jetait ses regards sur ceux qui l'entourent. Tout nous répondait qu'il n'était aucun d'eux qui ne fût décidé à remplir son devoir avec l'exactitude et la délicatesse, qui feraient également honneur à ses lumières et à sa conscience; que tout intérêt particulier cesserait devant la grande raison de l'intérêt bien entendu du Roi et du peuple. Enfin, après avoir fait ce rapprochement, si l'on réfléchissait sur le motif qui avait pu porter à présenter ces questions, on ne voyait en cela rien d'alarmant; rien qui parût contraire à l'attente où nous sommes sur l'effet de la parole donnée; on supposait seulement qu'elles avaient été proposées, moins parce qu'on les croyait douteuses, que parce qu'on avait jugé que dans un acte aussi essentiel, il pouvait être utile que des principes fondamentaux, quelque sains, quelqu'incontestables, quelque libéraux qu'ils pussent être, ne semblassent dictés par aucune autorité, mais fussent uniquement le résultat de l'examen libre qui en avait conseillé l'adoption.

Ainsi, tout ce qui aurait vraiment effrayé les bons Français sous un gouvernement dont le chef n'eût pas eu autant de droits à la confiance publique,

devenait un nouveau motif de sécurité pour eux;
et c'était avec de bien douces émotions qu'en remar-
quant ce phénomène, nous nous répétions : « Ah !
» si tous les Rois savaient quel ascendant une répu-
» tation de probité leur donne sur les peuples, avec
» quel soin scrupuleux éviteraient-ils de jamais la
» compromettre, et pourraient ils chercher ailleurs
» que dans la foi de leurs sermens et une ferme
» volonté pour le bien, des causes favorables à l'ac-
» croissement de leur pouvoir ! »

Quoi qu'il en soit des travaux du comité nommé
par le Roi, nous oserons hasarder ici quelques réflexions sur les objets dont on nous annonça qu'il
s'occupait.

L'article des priviléges à accorder au Sénat, nous
sommes-nous dit, doit se considérer sous deux points
de vue, les priviléges personnels et les priviléges pécuniaires.

Quant à celui des priviléges pécuniaires, il se rat-
tache à une foule d'autres points qui ont déjà fait la
matière de plusieurs écrits, et dont, pour cette raison, nous ne dirons qu'un mot.

A la vérité, la composition d'un corps semble
foncièrement un objet d'organisation, et par consé-
quent ne pas devoir faire un point particulier dans
la Constitution. Cependant il conviendrait peut-être
d'examiner si, d'après la nature des circonstances qui
précèdent et qui suivront, il n'y a pas lieu de reve-
nir sur ce principe.

Si la composition actuelle du Sénat est admise,
on trouvera probablement convenable d'accorder à

ses membres, dont la plupart manquent de fortune, des moyens de soutenir un état indépendant et honorable; si la diguité de Sénateur est héréditaire, il n'est pas douteux que les avantages accordés aux pères ne devront passer à leurs descendans.

Mais un point vraiment essentiel à régler, c'est s'il est utile ou non que la dignité de Sénateur soit héréditaire; si, en adoptant le principe pour une partie des Membres, il serait absolument nécessaire qu'il le fût pour la totalité du Sénat; et s'il est réellement avantageux que le Corps, qui doit faire contre-poids avec l'autorité royale au pouvoir législatif et populaire, soit, par le fait de la naissance plutôt que par le choix et la faveur souveraine, appelé à l'exercice de ses fonctions; enfin, s'il est bon de restreindre à un petit nombre de familles, ces dignités, qu'il faudrait peut-être laisser, sinon comme un objet d'émulation, pour toutes les classes de l'État, au moins, pour une classe entière de la société, comme par exemple la Noblesse. On ne peut se cacher que la plus grande partie de ce Corps, c'est-à-dire, la Noblesse inférieure, serait en quelque sorte, enlevée à toute autre carrière que celle des armes, si l'on adoptait le système des Pairies et des places de Sénateurs héréditaires pour les principales familles du Royaume. Ne vaudrait-il pas mieux que toute Noblesse, en possession d'une fortune déterminée, et suffisante pour assurer son indépendance, pût aspirer, par la voie des élections, à arriver au Sénat? La dignité de Sénateur étant non héréditaire, mais cependant à vie, le nombre de Sénateurs étant moins considérable que celui du Corps législatif, et le Roi se réservant d'ailleurs d'y appeler ceux de ses serviteurs qu'il jugerait dignes d'être récompensés par ces hautes dignités, on penserait probablement que les élections de la Noblesse ne devraient point être aussi fréquentes que celles du Corps législatif, et que, pour conserver au Roi toute l'influence sur les nominations, les listes de présentation devraient être dans un nombre très - supérieur à celui des personnes à élire. Dans ce système, la Noblesse des provinces conserverait son ancienne considération, son esprit de corps, son dévouement au Roi, de qui elle attendrait son sort ; elle serait intéressée à l'économie, à l'accroissement de sa fortune, et enfin aurait tous les motifs d'émulation et d'honneur qu'il paraît naturel de lui inspirer par politique, et de lui conserver par justice.

Quoi que l'on décide sur ces points, l'on ne doit pas douter qu'il ne semble utile d'accorder au Sénat des priviléges ou distinctions personnels. Il est impossible de supposer que les membres d'un Corps, placé si près de l'autorité souveraine, et chargé d'aussi éminentes fonctions, puissent, en sortant de l'enceinte où ils les exercent, être confondus dans la classe des simples citoyens. Les Sénateurs, même au temps des plus grandes libertés populaires, jouissaient, à Rome, de distinctions personnelles, et occupaient une place séparée dans les spectacles publics. Nous ne serons pas là-dessus plus ombrageux que des Romains ; mais nous penserons comme eux, que, moins ces distinctions ressembleront à un salaire, plus elles devront être honorables, éclatantes, et de nature à imprimer du respect dans l'opinion. Si ce principe est bon à l'égard des Sénateurs, il doit l'être à l'égard des Membres du Corps législatif; en observant néanmoins, entre les distinctions qu'on leur accorderait, la différence qui existe dans la hiérarchie politique entre leur rang et celui des Sénateurs.

Il faut mettre au nombre des propositions les moins douteuses, celle qui est renfermée dans ces mots : *La Monarchie a-t-elle cessé d'exister?*

Il est certain que, s'il ne s'agissait ici que de rendre compte du vœu de tous les gens honnêtes, qui, malgré nos malheurs, ont toujours formé la majorité en France; s'il n'était question que de scruter les sentimens et les opinions de cette majorité, on prouveverait facilement, par l'attachement universel à la famille des Bourbons, que le désir le plus unanime, celui même des premiers auteurs de la révolution, n'a jamais tendu au renversement de la monarchie, moins encore au changement de son Roi ; que les vrais amis de la liberté, comme ses ennemis les plus irréconciliables, se sont toujours réunis dans cette idée, qu'une monarchie était indispensable au bonheur de la France, et que la famille des Bourbons s'était toujours rendue digne d'en occuper le trône. Cependant nous n'avons point ici à prononcer sur un vœu ou sur une opinion, mais sur un fait, et ce fait est icontestable. Il est aussi impossible de douter que la monarchie a cessé d'exister en France, qu'il l'est de supposer qu'elle n'ait point été abolie à Rome après l'expulsion des Tarquins, que les Suisses se soient soustraits au pouvoir de la maison d'Autriche, la Hollande, à celui de Philippe, et l'Angleterre à celui de la maison de Stuart. La durée et la suite des événemens ne signifient rien pour le fait ; et si l'on part de ce principe, qu'il n'y a point de prescription en matière de gouvernement, il n'y aurait pas plus d'inconvenance à ce qu'un prince Autrichien, conquérant aujourd'hui la république des Grisons, décidât que sa famille n'a point cessé de régner sur ces peuples, qu'il n'y en aurait de reconnaître que les Princes français ont toujours continué d'être Rois de France. Ce qui constitue la royauté, ce n'est pas l'opinion qu'un prince peut concevoir, vis-à-vis de lui-même, de ses titres à la couronne, ni des événemens qui peuvent la lui faire recouvrer; c'est la puissance qu'il exerce à l'égard d'un peuple, qui, soit par force, soit de son propre vœu, est amené à reconnaître ses lois. C'est cette obéissance du peuple, qui constate l'existence du pouvoir souverain, et non la volonté de le faire obéir, ni même son vœu d'obéir à un autre pouvoir. En sortant de cette hypothèse, il n'y aurait rien de certain, rien de légal, pas plus pour les rois que pour les peuples ; car tout deviendrait usurpation, révolte, réaction ; et, comme il aurait été tout aussi raisonnable qu'un descendant de Clovis, remontant sur le trône d'un des petits - fils de Charlemagne, ou qu'un prince du sang de ce dernier, enlevant la couronne à un des fils de Hugues-Capet, sous le prétexte de la possession non interrompue de couronne de ses pères, traitât d'illégal tout ce qui aurait été fait sous le règne des Rois qui les avaient remplacés, il ne le serait pas plus que Bonaparte ou l'un de ses descendans, sous le prétexte d'avoir aujourd'hui forcément abdiqué le trône, ne prétendissent un jour à y remonter, et à déclarer que tout ce qui se serait fait depuis l'heureuse époque de notre délivrance, ne fût contraire aux droits et aux pouvoirs qu'ils auraient conservés sur nous, quoique nous nous sentions si heureux d'être débarrassés de cette race.

On peut employer les argumens les plus subtils contre cette cause, établir des distinctions entre le droit et le fait, entre le pouvoir et l'exercice du pouvoir, entre ce qui est légitime et ce qui est légal, toujours faudra-t-il convenir que le souverain réel, légitime ou non d'un peuple, est celui auquel ce peuple a juré d'obéir; que, sans ce consentement du peuple, il n'existe point de souveraineté; que le vœu et l'opinion d'une nation, jusqu'au moment qui lui fait secouer le joug, ne prouvent rien contre l'existence du pouvoir auquel elle s'est soumise, et contre la nullité de celui auquel elle n'obéit plus; qu'enfin s'il est vrai que, depuis vingt et un ans, les Français ont obéi à une autre forme de gouvernement que le gouvernement monarchique, à d'autres souverains que ceux qu'ils revoient maintenant avec tant d'enthousiasme et de bonheur, il faut reconnaître que la monarchie a cessé d'exister en France, et le pouvoir royal de résider entre les mains de la famille des Bourbons.

Voilà probablement ce qu'aurait décidé la commission, si elle eût eu à prononcer sur cette question ; car la commission est composée d'hommes trop probes et trop habiles, pour songer à tromper le Roi, et moins encore pour ne pas s'apercevoir qu'auprès de lui le langage de la flatterie n'aurait pas grand succès.

Il n'eût pas été plus difficile de présumer sa réponse, sur l'article qui dit : *Le Roi nommera-t-il les membres du Corps-Législatif sur une une triple liste des candidats présentés par les Colléges électoraux ?*

Comme nous avons reconnu l'indispensable nécessité de conserver au Roi la plus entière prépondérance sur la composition du Sénat par cette raison que ce corps doit faire cause commune avec le Roi, pour contenir dans de justes bornes l'autorité et la liberté populaire ; par la même raison, nous ne croyons point qu'on puisse admettre qu'en aucun cas et d'aucune manière, les nominations au Corps-Législatif doivent ou puissent être influencées par le Roi. On peut regarder comme un fait certain, que si l'utilité du système de la combinaison des pouvoirs n'est pas une chimère, il importe au salut et à l'existence de tous, que chacun d'eux conserve, le plus long temps possible, toute la pureté de son essence. Or, adopter dès l'origine un principe qui doit en opérer bientôt la corruption, ce serait en quelque sorte édifier avec l'intention de détruire, ravir à un de ces corps la liberté et l'indépendance qu'on aurait feint de vouloir lui assurer, agir, comme nous l'avons remarqué, avec moins de ménagement

que jamais Bonaparte ne l'osa à l'égard de son si-
mulacre de représentation nationale ; enfin ce serait
faire une chose à laquelle, ni le Roi, ni la commission ne peuvent songer ; et il faut ranger cette question, comme la précédente, au nombre de celles
qu'on eût soumises à l'examen, non parce qu'elles
peuvent donner matière à discussion, mais parce
qu'on eût cru nécessaire de donner à l'adoption de
chacun de ces principes, toutes les formes qui prouvent que rien, dans le pacte constitutionnel, n'est
émané d'un pouvoir arbitraire.

La quatrième question n'offrirait pas matière à
un long examen, s'il était démontré que nous ne
pussions mieux faire que d'imiter en tout la constitution des Anglais. Mais il existe tant de différences
entre leur position et la nôtre, il est si clair qu'une
foule de circonstances font sentir la nécessité de laisser au Roi seul l'initiative des lois, lorsque, d'un
autre côté, il en peut résulter des inconvéniens assez
graves, que probablement cette question, lorsqu'on
l'agitera, donnera lieu à de longs débats.

Il faudrait suivre avec attention ces discussions,
pour oser porter là-dessus un jugement ; et si jamais
il convient de s'en rapporter à la sagesse du Roi et
de la commission, c'est sur un point tel que celui-ci,
où les inconvéniens et les avantages de part et d'autre
semblent tellement balancés, qu'il y aurait à nous
témérité de prononcer, lorsque nous sommes con-
vaincus de notre insuffisance.

FIN.